HERMANN CONRAD

Das Allgemeine Landrecht von 1794 als Grundgesetz
des friderizianischen Staates

SCHRIFTENREIHE
DER JURISTISCHEN GESELLSCHAFT e.V.
BERLIN

Heft 22

Berlin 1965

WALTER DE GRUYTER & CO.
vormals G. J. Göschen'sche Verlagshandlung · J. Guttentag, Verlagsbuchhandlung
Georg Reimer · Karl J. Trübner · Veit & Comp.

Das Allgemeine Landrecht von 1794 als Grundgesetz des friderizianischen Staates

Von

Dr. Dr. h.c. Hermann Conrad

o. Professor der Rechte an der Universität Bonn

Vortrag
gehalten vor der
Berliner Juristischen Gesellschaft
am 25. Juni 1965

Berlin 1965

WALTER DE GRUYTER & CO.

vormals G. J. Göschen'sche Verlagshandlung · J. Guttentag, Verlagsbuchhandlung
Georg Reimer · Karl J. Trübner · Veit & Comp.

Archiv-Nr. 2 727 65 7/8
Satz und Druck: S Saladruck, Berlin 65
Alle Rechte, einschließlich der Rechte der Herstellung von Fotokopien und Mikrofilmen,
vorbehalten

I.

Einleitung

Die Geschichte der preußischen Kodifikation, die am Ende des 18. Jahrhunderts in Kraft trat und in wesentlichen Teilen das ganze 19. Jahrhundert Geltungskraft behielt, beginnt mit der Kabinettsorder Friedrich Wilhelms I. an die Juristenfakultät zu Halle wegen Abfassung einiger Konstitutionen zum märkischen Landrecht vom 18. Juni 1714. Dieser Plan ist nicht in die Tat umgesetzt worden.[1] Doch wurde unter der Regierung Friedrich Wilhelms I. (1713—1740) das im Jahre 1620 verkündete, in den Jahren 1665/85 revidierte Landrecht des Herzogtums Preußens neu bearbeitet und am 27. Juni 1721 als „*Verbessertes Landrecht des Königreiches Preußen*" neu verkündet.

Erst unter Friedrich d. Gr. (1740—1786) konnte der Gedanke einer Kodifikation für den ganzen räumlichen Bereich der preußischen Monarchie festere Gestalt annehmen. Der mit der Justizreform und Gesetzeserneuerung vom König im Jahre 1746 betraute Großkanzler Samuel von COCCEJI (1679—1755) konnte den Entwurf einer das Privatrecht umfassenden Kodifikation (*Projekt des Corporis juris Fridericiani*, 1749/51) vorlegen. Doch starb der Kanzler noch vor Vollendung seines Werkes, dessen 3. Teil bei einer Versendung der Handschrift verloren gegangen war. Nur einzelne Teile seines Entwurfes (Ehe- und Vormundschaftsrecht) sind in einigen Landesteilen zum Gesetz erhoben worden.

Nach Coccejis Tod geriet das Reformwerk ins Stocken, bis die Kabinettsorder Friedrichs d. Gr. vom 14. April 1780 die zweite Periode der Justizreform unter der Regierung des Königs einleitete. Mit der Durchführung der Justizreform und Gesetzeserneuerung wurde der Großkanzler Johann Heinrich Casimir

---

[1] Hierzu neuestens Gerhard BUCHDA, Über die verlorenen hallischen Konstitutionen zum Landrecht der Kurmark Brandenburg (1714), Zeitschrift der Savigny-Stiftung für Rechtsgeschichte, Germanistische Abteilung 69, 1952, S. 385 ff.

von Carmer (1721—1801) betraut, der den schon vorher unter seiner Leitung bewährten Carl Gottlieb Svarez (1746—1798) aus Schlesien zur Mitarbeit an dem großen Werke berief. Mit der Persönlichkeit dieses Mannes ist das Schicksal des Allgemeinen Landrechtes auf das engste verknüpft. Nach einem Worte Friedrich Carl von Savignys war die Seele dieses Gesetzeswerkes der „geistreiche Svarez, durch welchen die Einheit in der Wirksamkeit so vieler und verschiedener Mitarbeiter erhalten wurde."[2]

Die Beauftragung Carmers mit der Justiz- und Gesetzesreform stand im Zusammenhang mit der Justizkatastrophe des Müller-Arnold-Prozesses an der Jahreswende 1779/80. An die Stelle des vom König brüsk entlassenen Großkanzlers Frhrn. von Fürst und Kupferberg wurde der schlesische Justizminister von Carmer berufen, der mit seinen Vorschlägen zu einer Reform des Zivilprozesses schon vorher hervorgetreten war und sich dabei als ein Gegner der Reformpläne des Großkanzlers von Fürst erwiesen hatte. Das Anliegen des Königs war eine Vereinfachung der Gesetze, die dem gemeinen Mann verständlich sein sollten. Außerdem sollten Auslegungsstreitigkeiten und Spitzfindigkeiten ausgeschlossen werden, die sich vor allem durch das damals noch vorherrschende rezipierte römische Recht ergaben, dessen lateinische Sprachform die Kritik der Zeit herausforderte. In der Kabinettsorder vom 14. April 1780 erklärte der König, er finde es unschicklich, daß die Gesetze „größtenteils in einer Sprache geschrieben sind, welche diejenigen nicht verstehen, denen sie doch als Richtschnur dienen sollen." Ebenso fand er es ungereimt, „wenn man in einem Staate, der doch seinen unstreitigen Gesetzgeber hat, Gesetze duldet, die durch ihre Dunkelheit und Zweideutigkeit zu weitläufigen Disputen der Rechtsgelehrten Anlaß geben, oder wohl gar darüber, ob dergleichen Gesetz oder Gewohnheit jemals existiert oder eine Rechtskraft erlangt habe, weitläufige Prozesse veranlaßt werden müssen."[3]

[2] Friedrich Carl von Savigny, Vom Beruf unserer Zeit für Gesetzgebung und Rechtswissenschaft, Heidelberg 1814, S. 83, jetzt in: Thibaut und Savigny. Zum 100jährigen Gedächtnis des Kampfes um ein einheitliches bürgerliches Recht für Deutschland. 1814—1914. Die Originalschriften in ihrer ursprünglichen Fassung mit Nachträgen, Urteilen der Zeitgenossen und einer Einleitung, hrsg. von Jacques Stern, Berlin 1914, S. 119.
[3] Allerhöchste Königl. Cabinets-Ordre die Verbesserung des Justizwesens betreffend, de dato Potsdam, den 14. April 1780, Novum Corpus Constitutionum Prussico-Brandenburgensium usw. 6. Bd., S. 1935 ff. Aus-

Schließlich sollte die Gesetzesreform der *Rechtsvereinheitlichung* dienen. Dabei sollten die Landes- und Provinzialgesetze keineswegs ausgeschaltet werden. Vielmehr gab der König die Anweisung, Provinzialgesetzbücher herzustellen, über denen sich als umfassendes Gesetzeswerk mit subsidiärer Geltungskraft das Landrecht erheben sollte. Dieses Gesetzeswerk aber sollte römisches Recht, Naturrecht und einheimisches Recht in gleicher Weise berücksichtigen. Demgemäß bestimmte die Kabinettsorder vom 14. April 1780: „Es muß also nur das Wesentliche mit dem Naturgesetze und der heutigen Verfassung Übereinstimmende aus demselben (römischen Rechte) abstrahiert, das Unnütze weggelassen, Unsere eigenen Landesgesetze am gehörigen Orte eingeschaltet und solchergestalt ein subsidiarisches Gesetzbuch, zu welchem der Richter beim Mangel der Provinzialgesetze rekurrieren kann, angefertigt werden."[4]

Der König erteilte dem Großkanzler den Auftrag, eine Gesetz-Kommission einzusetzen, weil „die Ausführung einer so wichtigen Sache nicht das Werk eines einzelnen Mannes ist". Die gesetzliche Grundlage erhielt diese Kommission durch königl. Patent vom 29. Mai 1781, das als wichtigste Aufgabe den gutachtlichen Vorschlag erforderlicher neuer Gesetze und der Verbesserung oder Abänderung bereits vorhandener Gesetze vorsah.[5]

Die Gesetzgebungsarbeit des neuen Großkanzlers nahm ihren Anfang mit der Reform des Zivilprozeßrechtes, die durch Patent vom 6. Juli 1793 abgeschlossen wurde. Dieses Patent verkündete die *„Revidierte Gerichts- und Prozeßordnung"* (sog. *Allgemeine Gerichtsordnung für die Preußischen Staaten*), die allerdings nur das Zivilprozeßrecht regelte, indes der Strafprozeß erst durch die *Kriminalordnung vom 11. Dezember 1805* eine abschließende Regelung fand, die das bereits starker Kritik unterliegende In-

---

zug des Textes jetzt bei H. CONRAD, Die geistigen Grundlagen des Allgemeinen Landrechts für die Preußischen Staaten von 1794 (Arbeitsgemeinschaft f. Forschung des Landes Nordrhein-Westfalen. Geisteswissenschaften. Heft 77), Köln und Opladen 1958, S. 13, FN. 9.

[4] a. a. O.
[5] Patent, wodurch eine Gesetz-Commission errichtet und mit der nöthigen Instruction wegen der ihr obliegenden Geschäfte versehen wird, de dato Berlin, den 29. May 1781, Novum Corpus Constitutionum 7. Bd., S. 337 ff. Auszug des Textes jetzt bei H. CONRAD, a. a. O. S. 22, FN. 23.

quisitionsverfahren, wenn auch in aufgelockerter Form, beibehielt.

Bei Verkündung der Prozeßordnung im Jahre 1793 harrte die Vollendung des Landrechtes noch der Verwirklichung. Zu Lebzeiten des großen Königs war der Entwurf dieses Gesetzes nur zum Teil fertiggestellt worden. Als die umfangreichen Vorarbeiten endlich abgeschlossen waren, konnte das von Svarez entworfene Publikationspatent vom 20. März 1791 das *„Allgemeine Gesetzbuch für die Preußischen Staaten"* mit Gesetzeskraft vom 1. Juni 1792 verkünden. Das große Werk war also seiner Verwirklichung nahe. Doch bevor es in Kraft trat, wurde es vom König am 18. April 1792 suspendiert. Gegenströmungen hatten an der zu aufgeklärten Haltung des Gesetzeswerkes Anstoß genommen und seine Unterdrückung gefordert. Nunmehr traten die Verfasser des Werkes, von Carmer und Svarez, mit Erfolg für dieses ein. Es gelang, Friedrich Wilhelm II. zu bewegen, eine Umarbeitung des Gesetzeswerkes anzuordnen (Kabinettsorder vom 17. November und vom 18. Dezember 1793). Nach Beseitigung der anstößigen Stellen wurde das Gesetzeswerk am 5. Februar 1794 als *„Allgemeines Landrecht für die Preußischen Staaten"* neu verkündet. Am 1. Juni desselben Jahres ist es in Kraft getreten.

Das ALR von 1794 enthält eine rechtliche Gesamtordnung des preußischen Staates. Ausgenommen blieben das Prozeßrecht und das Militärrecht. Der preußische Gesetzgeber hatte dem Zeitgeist, der sich in der Aufklärung manifestierte, weitgehend Rechnung getragen. Neben dem Naturrecht, der natürlichen Billigkeit und einem gereinigten römischen Recht gab die preußische Kodifikation auch dem einheimischen Rechte einen breiten Raum. System und Sprache des Gesetzeswerkes entsprachen ebenfalls den Forderungen der Aufklärung, so daß das Publikationspatent vom 20. März 1791 sagen konnte, „daß das Ganze in einer zusammenhängenden Ordnung, in der Sprache der Nation und dergestalt allgemeinverständlich vorgetragen werde, daß ein jeder Einwohner des Staats, dessen natürliche Fähigkeiten durch Erziehung nur einigermaßen ausgebildet sind, die Gesetze, nach welchen er seine Handlungen einrichten und beurteilen lassen soll, selbst lesen, verstehen und in vorkommenden Fällen sich nach den Vorschriften derselben gehörig achten könne".

Damit aber erfüllte das Gesetzeswerk in etwa auch die Wünsche Friedrichs d. Gr., der den entscheidenden Anstoß zu seiner Entstehung gegeben hatte. In seiner *„Dissertation sur les raisons d'établir ou d'abroger les lois"* (Abhandlung über die Gründe, Gesetze einzuführen oder abzuschaffen, fertiggestellt am 1. Dezember 1749, in der Akademie am 22. Januar 1750 verlesen) hatte der König das Idealbild eines vollkommenen Gesetzes gezeichnet: „Man fände darin ferner tiefe Kenntnis des menschlichen Herzens und des Nationalcharakters... Die einzelnen Bestimmungen müßten so klar und genau sein, daß jeder Streit um die Auslegung ausgeschlossen wäre. Sie würden in einer erlesenen Auswahl des Besten bestehen, was die bürgerlichen Gesetze ausgesprochen haben, und in einfacher und sinnreicher Weise den heimischen Gebräuchen angepaßt sein."[6] Die Furcht vor Auslegungsstreitigkeiten und Spitzfindigkeiten bei der Anwendung des Gesetzes klingt hier an. Sie hat auch die Verfasser des Gesetzeswerkes beherrscht, die einer so weitgehenden Kasuistik verfallen sind, daß bei Vorlage eines Teiles des Entwurfes Friedrich d. Gr. an den Rand schrieb: „Gut, aber es ist ja so dicke. Gesetze müssen kurz sein" (Fassung nach Svarez). An diese Randbemerkung des Königs anknüpfend hat Svarez in einem Vortrag vor der Mittwochsgesellschaft zu Berlin *„Inwiefern können und müssen Gesetze kurz sein"* zur Frage des Umfanges der Gesetze Stellung genommen. Er lehnte eine übermäßige Kürze ab, weil dadurch der Richter zum Gesetzgeber gemacht und die bürgerliche Freiheit gefährdet werde.[7]

In die Jahre des entscheidenden Ringens um die Kodifikation zwischen den beharrenden und fortschrittlichen Kräften des preußischen Staates (1791/92) fallen die Vorträge, die der eigentliche Verfasser des Gesetzeswerkes, Carl Gottlieb SVAREZ, dem preußischen Kronprinzen und späteren König Friedrich Wilhelm III. (1797—1840) gehalten hat. Diese sog. *Kronprinzenvorträge* geben einen tiefen Einblick in die Gedankenwelt des Gesetzbuches und seiner Verfasser. Im Jahre 1960 sind diese Vorträge in der Reihe der Wissenschaftlichen Abhandlungen der

---

[6] Die Werke Friedrichs des Großen in deutscher Übersetzung, hrsg. von Gustav Berthold VOLZ, 8. Band, Berlin 1913, S. 32.

[7] Erstmals abgedruckt in: Berlinische Monatsschrift, hrsg. von F. GEDIKE und J. E. BIESTER, 12. Bd. 1788, S. 99 ff., jetzt in der in der folgenden FN. zitierten Ausgabe, S. 627 ff., hierzu H. CONRAD, Einleitung, S. XVII/XVIII.

Arbeitsgemeinschaft für Forschung des Landes Nordrhein-Westfalen unter dem Titel: „Carl Gottlieb SVAREZ, *Vorträge über Recht und Staat*" veröffentlicht worden.[8] Diese Veröffentlichung läßt erkennen, daß das preußische Gesetzbuch weitgehend auf der Theorie und Praxis des Staates Friedrichs d. Gr. aufgebaut ist. Hat doch der König selbst seiner Rechts- und Staatsauffassung in zahlreichen Werken und schriftlichen Äußerungen Ausdruck verliehen. Trotzdem handelt es sich bei den Vorträgen von Svarez nicht um eine kritiklose Übernahme überlieferten Gedankengutes, sondern um eine gedankliche Neuverarbeitung angesichts einer inzwischen umgestalteten politischen Lage Preußens und Europas.

II.

Grundgesetz des Preußischen Staates

Man hat das ALR von 1794 als das „Gesetzbuch Friedrichs des Großen" bezeichnet, und es kann keinem Zweifel unterliegen, daß der schöpferische Gedanke, eine Kodifikation für die preußischen Staaten zu schaffen, von Friedrich d. Gr. ausgegangen ist. Für die Verfasser des Gesetzeswerkes, vor allem deren geistiges Haupt, Carl Gottlieb Svarez, bildeten die Staats- und Rechtsanschauung des großen Königs sowie die Praxis des friderizianischen Staates die Grundlagen für ihre Arbeit an dem Kodifikationswerke. Als das Werk schließlich abgeschlossen wurde und seiner eigentlichen Aufgabe übergeben werden konnte, hatte die Französische Revolution ein neues Zeitalter für ganz Europa eingeleitet.

Wie kaum ein anderes Gesetzbuch seiner Zeit stand daher das ALR von 1794 im politischen Spannungsfeld einer Zeit des Umbruches, die eine Neuorientierung im politischen und Verfassungsleben erforderte. Das eigentliche Ziel der preußischen Rechtsreformer war daher auch politisch bestimmt. Nach dem Willen seiner Verfasser sollte das Gesetzeswerk die rechtsstaat-

---

[8] Vorträge über Recht und Staat von Carl Gottlieb Svarez, hrsg. von Hermann CONRAD und Gerd KLEINHEYER (Wissenschaftliche Abhandlungen der Arbeitsgemeinschaft für Forschung des Landes Nordrhein-Westfalen, Bd. 10), Köln und Opladen 1960.

lichen Errungenschaften der Regierungszeit Friedrichs d. Gr. grundgesetzlich festlegen, mithin eine Art von Verfassung bilden, die nicht erst mit der Französischen Revolution auf dem Kontinent allgemein zu einer politischen Forderung werden konnte. In Österreich waren seit der Mitte des 18. Jahrhunderts Bestrebungen im Gange, einen politischen Kodex, d. h. eine grundgesetzliche oder verfassungsähnliche Regelung der Staats- und Regierungsgrundsätze, zu schaffen. Der Plan eines solchen Gesetzbuches ist mit der Persönlichkeit Joseph von SONNENFELS' (1732—1817) aufs engste verknüpft. Dieser sah darin die Verwirklichung des Entschlusses Maria Theresias, „eine Gewalt, die sie nicht mißbrauchen wollte, zu mäßigen, damit solche von niemandem nach ihr gemißbraucht werde".[9] Im Großherzogtum Toskana, der Sekundogenitur des Hauses Habsburg, trug sich Peter Leopold, der spätere Kaiser Leopold II. (1790—1792), sogar mit dem Gedanken, seinem Staate eine Verfassung zu geben.[10]

Die Bestrebungen, die auf eine grundgesetzliche Kodifikation abzielten, haben in Österreich schließlich einen Niederschlag in einem Gesetzeswerk gefunden, in dem man es nicht erwartet: in dem „*Bürgerlichen Gesetzbuch für Westgalizien*", dessen eigentlicher Verfasser Karl Anton Frhr. von MARTINI ZU WASSERBERG (1726—1800) ein überzeugter Anhänger der deutschen naturrechtlichen Schule des 17. und 18. Jahrhunderts war. Die Lehren dieser Schule hatten seit der Mitte des 18. Jahrhunderts durch Martini selbst Eingang an der Universität Wien gefunden. Neuere Forschungen haben darüber hinaus ergeben, daß sie um die gleiche Zeit in der Wiener Hofburg selbst vertreten wurden. Daraus erklärt sich die auffallende Parallelität der preußischen und österreichischen Entwicklung, die beide die gleiche staats- und rechtsphilosophische Grundlage aufweisen.[11]

---

[9] Promemoria von 1791, bei Sigmund ADLER, Die politische Gesetzgebung in ihren geschichtlichen Beziehungen zum allgemeinen bürgerlichen Gesetzbuche, Festschrift z. Jahrhundertfeier des Allgemeinen Bürgerlichen Gesetzbuches, 1. Juni 1911, 1. Teil, Wien 1911, S. 92, FN. 17.

[10] Hierzu neuestens mit Schrifttumsangaben: Adam WANDRUSZKA, Leopold II. Erzherzog von Österreich, Großherzog von Toskana, König von Ungarn und Böhmen, Römischer Kaiser, 1. Bd. Wien, München (1963), S. 368 ff.

[11] Hermann CONRAD, Rechtsstaatliche Bestrebungen im Absolutismus Preußens und Österreichs am Ende des 18. Jahrhunderts (Arbeitsgemein-

In Preußen stand man also mit den Plänen, die auf eine grundgesetzliche Regelung abzielten, keineswegs allein. Solche Gedankengänge waren auch kein Zugeständnis an die Französische Revolution, mit der sich die preußischen Rechtsreformer kritisch auseinandersetzten. Der Gedanke, ein Grundgesetz des Staates zu schaffen, war vielmehr die notwendige Folgerung der damals in Deutschland vorherrschenden Staats- und Rechtsanschauung der Naturrechtslehre der Aufklärung, der führende Männer in Preußen wie in Österreich und anderen deutschen Ländern anhingen. Ernst Ferdinand KLEIN, der Mitarbeiter am ALR, hat in einer im Jahre 1790 erschienenen Veröffentlichung *„Freiheit und Eigentum, abgehandelt in acht Gesprächen über die Beschlüsse der französischen Nationalversammlung"* erkennbar gemacht, wie sehr die Problematik der Französischen Revolution die preußischen Reformer beschäftigt hat. Der Verfasser bemüht sich in seinem Werke, die Aufklärung nicht für die Französische Revolution verantwortlich zu machen. Im 8. Gespräche widerrät einer der Gesprächspartner der Drucklegung des vorangegangenen Gespräches mit der Begründung: „Die darin vorkommenden Lobpreisungen der Freiheit dürften übel ausgelegt werden und die Feinde der Aufklärung in dem Gedanken bestärken, als ob Geist des Aufruhrs und Aufklärung einerlei sei."[12] Die Aufklärung wird also gegen den Vorwurf, die Französische Revolution herbeigeführt zu haben, verteidigt. Auch nach Svarez waren es die Mißstände im französischen Staatswesen, die die Französische Revolution herbeigeführt haben, nicht aber die Aufklärungsphilosophen.[13]

---

schaft für Forschung des Landes Nordrhein-Westfalen. Geisteswissenschaften, Heft 95), Köln und Opladen 1961; Recht und Verfassung des Reiches in der Zeit Maria Theresias. Aus den Erziehungsvorträgen für den Erzherzog Joseph. Histor. Jahrbuch 82, 1963, S. 163 ff.; Reich und Kirche in den Vorträgen zum Unterricht Josephs II., in: Spiegel der Geschichte. Festschrift f. Max BRAUBACH, Münster/Westf. 1964, S. 602 ff.; Einleitung zu: Recht und Verfassung des Reiches in der Zeit Maria Theresias. Die Vorträge zum Unterricht des Erzherzogs Joseph im Natur- und Völkerrecht sowie im Deutschen Staats- und Lehnrecht (Wissenschaftl. Abhandl. d. Arbeitsgemeinschaft f. Forschung des Landes Nordrhein-Westfalen, Band 28), Köln und Opladen 1964.
[12] Ernst Ferdinand KLEIN, Freyheit und Eigenthum, abgehandelt in acht Gesprächen über die Beschlüsse der Französischen Nationalversammlung, Berlin und Stettin 1790, S. 162.
[13] Vorträge über Recht und Staat, S. 497.

Die preußischen Reformer sahen dagegen in der Aufklärung das Mittel, dem politischen und verfassungsrechtlichen Fortschritt zu dienen, ohne daß eine revolutionäre Veränderung der Staatsform erforderlich würde. In dem erwähnten Werke läßt Ernst Ferdinand KLEIN im 8. Gespräch KRITON (SVAREZ) zur Bedeutung der Aufklärung für das Staatswesen folgendes sagen:

„Auf der einen Seite wird sie (die Aufklärung) machen, daß nicht nur die Fürsten selbst, sondern auch ihre Diener die Pflichten, welche sie dem Staate schuldig sind, besser kennen und weniger Anlaß zur Unzufriedenheit geben werden. Auf der anderen Seite wird aber auch das Volk die Ruhe mehr lieben und weniger in die Torheit verfallen zu glauben, daß es nur seinen Herrn verändern dürfe, um eine utopische Glückseligkeit zu genießen... Kurz, wenn alles aufgeklärt wäre, würde die Regierung in den Gesetzen die Stützen ihrer Macht, und das Volk in der Obrigkeit den Schutz der bürgerlichen Freiheit ehren."[14]

In einem grundlegenden Vortrage vor der Mittwochsgesellschaft zu Berlin *Über den Einfluß der Gesetzgebung in die Aufklärung*, der am 1. April 1789, also noch während der Arbeit am Entwurfe des Gesetzbuches und vor der Verkündigung der Menschen- und Bürgerrechte (26. August 1789) gehalten worden ist, hat sich Carl Gottlieb SVAREZ mit dem Verhältnis von Aufklärung und Gesetzgebung beschäftigt.[15] Für Svarez steht fest, daß die Aufklärung den wichtigsten Einfluß auf die Güte und Vollkommenheit der Gesetzgebung habe, andererseits ist er der Meinung, „daß die Gesetzgebung unmittelbar und geradezu nur wenig zur Beförderung der Aufklärung tun könne". Aufklärung durch Gesetze befehlen zu wollen, enthalte einen Widerspruch: „Wehe der Aufklärung, wenn je ein Gesetzgeber sich einfallen läßt, sie zum Gegenstande selbst begünstigender Verordnungen zu machen."[16]

Svarez folgert dies aus der Gedanken- und Meinungsfreiheit, die er als eine Art von Grundrecht dem Staatsbürger zuerkennt. Er läßt den Eingriff in die Gedanken- und Meinungsfreiheit durch die Gesetzgebung nur dann zu, wenn die Gefahr einer un-

---

[14] Freyheit und Eigenthum, S. 181
[15] Vorträge über Recht und Staat, S. 634 ff.
[16] a. a. O. S. 634.

mittelbaren Verletzung der äußeren oder inneren Ruhe und Sicherheit der bürgerlichen Gesellschaft besteht. Es können sich nach seiner Anschauung Umstände ereignen, „wo der Gesetzgeber überwiegende Gründe hat oder wenigstens zu haben vermeint, die Äußerung von Meinungen und Urteilen über gewisse Gegenstände in engere Schranken... einzuschließen. Aus diesem Gesichtspunkt können sich manche Gesetze, die auffallende Einschränkungen der Freiheit in diesem Stück zu enthalten scheinen, als bloße Zeitgesetze noch wohl verteidigen lassen." Er stellt hier den Begriff der *Zeitgesetze* auf, die er in einen Gegensatz zu den *Grundgesetzen* stellt, die den Gesetzgeber selbst an bestimmte Grundsätze des staatlichen Lebens binden:

> „Aber die allgemeine Gesetzgebung, deren Werk es ist, feste, sichere und fortdauernde Grundsätze über Recht und Unrecht festzustellen, die besonders in einem Staat, welcher keine eigentliche Grundverfassung hat, die Stelle derselben gewissermaßen ersetzen soll, die also für den Gesetzgeber selbst Regeln enthalten muß, denen er auch in bloßen Zeitgesetzen nicht zuwiderhandeln darf, die sich den stolzen Gedanken erlauben darf, die Wohlfahrt nicht bloß der gegenwärtigen, sondern auch künftiger Generationen zu befördern — diese kann und darf sich bei allen dergleichen Nebenrücksichten auf bloße temporelle Bedürfnisse oder Umstände nicht aufhalten. Ihr Geist und ihre Grundsätze müssen gleichsam die Feste (sein), in welche sich die durch Zeitgesetze gedrängte Freiheit zurückziehen und aus der sie unter günstigeren Umständen zur Wiedererlangung ihrer gekränkten Rechte mit gestärkten Kräften zurückkehren kann."[17]

Diese Ausführungen lassen ein rechtsstaatliches Programm der preußischen Rechtsreformer erkennen. Der Staat beruht auf bestimmten Rechtsgrundsätzen, durch die die Ausübung der Staatsgewalt grundgesetzlich gebunden wird. Die bürgerliche Freiheit ist grundgesetzlich gewährleistet. Sie kann zwar eingeschränkt, nicht aber aufgehoben werden, weil sie im Grundgesetz verankert ist. Svarez verwendet hier den Begriff des Grundgesetzes, der der deutschen Rechts- und Gesetzessprache schon seit dem 17. Jahr-

---

[17] a. a. O. S. 635/36.

hundert bekannt war.¹⁸ Inhaltlich aber ist der Begriff des Grundgesetzes bei Svarez etwas anderes als in der älteren Theorie und Praxis, die unter dem Grundgesetz einen Inbegriff von Normen verstand, der die bestehende staatliche Ordnung sicherstellen und vor allem die Rechte der Stände gewährleisten sollte. Grundgesetz im Sinne von Svarez aber bedeutete die Grundlegung des Staates und seiner Zwecke sowie die sich daraus ergebende Einschränkung der Macht der Regierung.

Diese neue Auffassung vom Grundgesetz beruhte auf der Naturrechtslehre der Aufklärung, die den Staat aus einem Staats- oder Gesellschaftsvertrag entstehen ließ. In Preußen finden wir diese Grundlegung von Staat und Staatsgewalt schon bei Friedrich d. Gr. Der König ging davon aus, daß die Menschen um der Ordnung und Wohlfahrt willen sich zu Gesellschaften zusammengeschlossen hätten, die Obrigkeiten einsetzten. Das Ziel dieses gesellschaftlichen Zusammenschlusses der Menschen war — ganz im Sinne der Humanitätslehre der Aufklärung — die Verwirklichung der irdischen Glückseligkeit der Gemeinschaft und des Einzelnen, die damit zum Zweck des Staates erhoben wurde.¹⁹

Svarez war ebenfalls der Meinung, daß die Unzulänglichkeiten des Naturzustandes die Menschen veranlaßt haben, sich zu bürgerlichen Gesellschaften zusammenzuschließen, die man als Staaten bezeichnete. Die Rechtsstellung des Herrschers leitet sich aus einem Vertrage her, „durch welchen sich die Bürger des Staats den Befehlen des Regenten zur Beförderung ihrer eigenen gemeinschaftlichen Glückseligkeit unterworfen haben". Bei der Vereinigung der Menschen zu einer bürgerlichen Gesellschaft, die als Staat bezeichnet wird, haben diese keineswegs die Absicht gehabt,

---

[18] Der Begriff des Grundgesetzes begegnet in der Wahlkapitulation Ferdinands III. von 1636, Art. XIV („des Heil. Reichs Fundamental-Gesetz"), in: Christoph ZIEGLER, Wahl-Capitulationes usw. Franckfurt am Mayn 1711, S. 132; wenig später spricht der Westfälische Frieden von 1648 von den „leges et constitutiones fundamentales Imperii", Instrumentum Pacis Osnabr., Art. XVII, § 2. Siehe auch Jüngster Reichsabschied von 1654, § 4: „Des Hl. Reichs Fundamental-Satz- und Ordnungen", bei K. ZEUMER, Quellensammlung zur Geschichte der Deutschen Reichsverfassung in Mittelalter und Neuzeit, Tübingen 1913², S. 432 und 447.

[19] Siehe hierzu: Hermann CONRAD, Die geistigen Grundlagen des Allgemeinen Landrechts usw., S. 19 ff., mit einschlägigem Schrifttum; Rechtsstaatliche Bestrebungen im Absolutismus Preußens und Österreichs, S. 18 ff.

auf ihre natürliche Freiheit ganz zu verzichten und sich der Willkür eines unumschränkten Herrschers zu unterwerfen. Der Zweck der bürgerlichen Gesellschaft, also des Staates, war vielmehr nur der, „den Mängeln und Unvollkommenheiten des Naturzustandes abzuhelfen und die Freiheit der einzelnen soweit einzuschränken, als es notwendig ist, um die Freiheit aller zur Beförderung ihrer Glückseligkeit gegen Störungen und Beeinträchtigungen zu sichern". Svarez kommt daher zu dem Ergebnis:

> „Sicherheit des Eigentums und der Rechte für jeden einzelnen durch die vereinigten Kräfte aller, ungestörter Gebrauch der natürlichen Freiheit eines jeden, soweit damit die Sicherheit und Freiheit der übrigen bestehen kann, Erleichterung der Mittel und Gelegenheiten zur Beförderung des Privatwohlstandes durch Veranstaltungen zur Ausbildung des Verstandes und Herzens, wodurch allein Neigung und Bereitwilligkeit zur Erfüllung der Pflichten des Wohlwollens erreicht werden kann — das sind die großen und wichtigen Zwecke der bürgerlichen Gesellschaft, zu deren Erreichung sie dem Regenten die Macht, ihr zu befehlen, übertragen und die Disposition über ihre vereinigten Kräfte seinen Händen anvertraut hat."[20]

Mit diesen Ausführungen des Verfassers des ALR von 1794 sind die Grundzüge des Verfassungsbildes gezeichnet, das dem preußischen Gesetzeswerk zugrundelag. Der Staat beruht auf einem Vertrage der Bürger, die sich zu einer bürgerlichen Gesellschaft (Staat) zusammengeschlossen haben (in AGB von 1791 Einl. § 77 als „bürgerliche Vereinigung" bezeichnet). Diese bürgerliche Gesellschaft hat dem Herrscher (Regenten) die staatliche Macht übertragen, die dieser mit Hilfe der ihm zustehenden Hoheitsrechte (sog. Majestätsrechte) ausübt. Der preußische Staat war mithin eine uneingeschränkte (absolute) Monarchie, in der sich alle staatliche Macht in der Person des Königs vereinigte. Aber die Untertanen waren nicht mehr, wie in der Zeit des Hochabsolutismus, dieser Staatsmacht schlechthin unterworfen. Der Herrscher war vielmehr an das Grundgesetz des Staates gebunden, nach dem die Wohlfahrt der Gemeinschaft und der Einzelnen Zweck des Staates war.

---

[20] Vorträge über Recht und Staat, S. 64 f.

Der Staat wurde nicht mehr durch den Fürsten verkörpert, wie es das Ludwig XIV. in den Mund gelegte Wort: „L'État c'est moi" zum Ausdruck bringen sollte.[21] Er war auch nicht mehr das Werkzeug der Willkür des Herrschers, dieser vielmehr dessen erster Diener, wie es schon Friedrich d. Gr. und ihm folgend Joseph II. zum Ausdruck gebracht hatten, und wie es auch SCHILLER hervorhebt, der in Kabale und Liebe den Major Ferdinand von Walter auf Lady Milfords Hinweis: „Diesen Degen gab Ihnen der Fürst" anworten läßt: *„Der Staat gab ihn mir durch die Hand des Fürsten."* In diesem neuen Verfassungsbilde des aufgeklärten Absolutismus wurde der Staat gegenüber dem Herrscher verselbständigt. Herrscher und Staat schieden sich verfassungsrechtlich. Der Herrscher war zwar der alleinige Träger der staatlichen Hoheitsrechte, deren Ausübung jedoch durch die dem Staate vorgegebenen Zwecke beschränkt war.

Die grundlegenden Bestimmungen über die Verfassung des preußischen Staates am Ende des 18. Jahrhunderts sind im ALR II 13 enthalten *(Von den Rechten und Pflichten des Staates überhaupt)*. Hier wird unter „Allgemeine Grundsätze" aufgeführt:

§ 1. Alle Rechte und Pflichten des Staats gegen seine Bürger und Schutzverwandten vereinigen sich in dem Oberhaupte desselben.

§ 2. Die vorzüglichste Pflicht des Oberhauptes im Staat ist, sowohl die äußere als innere Ruhe und Sicherheit zu erhalten und einen jeden bei dem Seinigen gegen Gewalt und Störungen zu schützen.

§ 3. Ihm kommt es zu, für Anstalten zu sorgen, wodurch den Einwohnern Mittel und Gelegenheiten verschafft werden, ihre Fähigkeiten und Kräfte auszubilden und dieselben zur Beförderung ihres Wohlstandes anzuwenden.

§ 4. Dem Oberhaupte im Staate gebühren alle Vorzüge und Rechte, welche zur Erreichung dieser Endzwecke erforderlich sind.

Svarez hat die Gefahr, die in der uneingeschränkten Monarchie begründet lag, nicht verkannt. Der uneingeschränkte Mo-

---

[21] Fritz HARTUNG, L'État c'est moi, Historische Zeitschrift 169, 1949, S. 1 ff., jetzt in: Staatsbildende Kräfte der Neuzeit, Berlin 1961, S. 93 ff.

narch, so führt Svarez aus, kann sehr leicht zum Despoten werden, „weil kein Gegengewicht der Macht vorhanden ist, welches ihn einschränkte und hinderte, die in Händen habende Gewalt nach seinem Gutbefinden anzuwenden. Er wird aber nur Despot werden aus Mangel an Einsicht oder aus Schwäche des Charakters". Der zum Despot gewordene Herrscher verändert den Zweck des Gesellschafts- oder Staatsvertrages. Damit aber verliert er sein Recht als Oberhaupt des Staates und untergräbt den Grund der Verpflichtung seines Volkes zum Gehorsam gegenüber seinen Befehlen. Die Stellung des Despoten beruht daher nicht mehr auf dem Rechte, sondern auf der Stärke. Doch: „Seine Stärke ist nichts und unbedeutend gegen die Stärke aller der Millionen, denen er befehlen will und die doch keine Pflicht haben, ihm zu gehorchen."[22]

Es ist also letztlich die Einsicht und Charakterstärke des Herrschers, die diesen auf den rechten, d. h. verfassungsmäßigen, Weg weisen und davon abhalten, sich dazu herzugeben, die erniedrigende Rolle eines Despoten zu spielen, der „in seiner inneren Staatsverwaltung nicht nach allgemeinen und gleichförmigen Grundsätzen, sondern nach bloßer Willkür zu Werke geht, ... die ihm anvertraute Macht nicht zum Besten des Ganzen, sondern zur Befriedigung seiner Privatleidenschaft, es sei aus Eroberungssucht, Wollust, Geiz oder wie es sonst Namen haben mag, anwendet".[23]

Da nun die verfassungsmäßige Regierung in einem Staate mit uneingeschränkter Monarchie von der Einsicht und Charakterstärke des Herrschers abhängt, suchte Svarez gewisse Sicherungen in die Verfassung des Staates einzubauen, die es dem Herrscher zwar nicht unmöglich machen konnten, von dem verfassungsmäßigen Wege abzuweichen, jedoch ein solches Abweichen wesentlich erschweren sollten. Dieses Ziel sollte durch die Verankerung dreier Grundsätze erreicht werden, die teilweise aus der Regierungszeit Friedrichs d. Gr. übernommen werden konnten. Ihre Aufnahme in das Gesetzbuch gab diesen Grundsätzen den *Charakter eines Grundrechtskatalogs*.

---

[22] Vorträge über Recht und Staat, S. 476.
[23] Vorträge über Recht und Staat, S. 475/6.

Die Gewährleistung der bürgerlichen Freiheit

Mit ihrem Eintritt in die bürgerliche Gesellschaft wollten die Menschen keineswegs auf alle ihre natürlichen Rechte verzichten. Svarez betonte daher nachdrücklichst: „Diese natürlichen und unveräußerlichen Rechte bleiben also dem Menschen auch nach seinem Übergange in die bürgerliche Gesellschaft, und es gibt keine gesetzgebende Macht, die ihn deren zu berauben berechtigt wäre. Dies sind also die Schranken der gesetzgebenden Macht."[24] Svarez hält den Staat nur insoweit für berechtigt, in die natürliche Freiheit des Menschen einzugreifen, als der „Zweck des Staats, d. h. die Erhaltung und Befestigung der gemeinen Ruhe und Sicherheit, die Erleichterung und Begünstigung der Mittel, wodurch einem jeden einzelnen die Gelegenheit verschafft werden kann, seine Privatglückseligkeit ohne Beeinträchtigung und Beleidigung anderer zu befördern und die Aufrechterhaltung der Staatsverbindung selbst als der notwendigen Bedingung, unter welcher nur jene Zwecke erreicht werden können",[25] es erfordert. „Hier ist also Zweckmäßigkeit der Gesetze das höchste Ideal der gesetzgebenden Macht im Staat, und sie ist vermöge des bürgerlichen Vertrages schuldig, alle Vorschriften, die sie gibt, nach dieser höchsten Regel der Zweckmäßigkeit einzurichten."[26]

Svarez schneidet schließlich auch die schwierige Frage an, ob den Untertanen ein Recht zusteht, den Gesetzen den Gehorsam zu verweigern, weil diese dem Staatszweck nicht angemessen erscheinen. Grundsätzlich wird ein solches Recht des Ungehorsams gegen ein ungerechtes Gesetz den Untertanen nicht zuerkannt. Doch gibt es nach Svarez eine Schranke für den Gesetzgeber, bei deren Überschreitung die Pflicht der Untertanen zum Gehorsam gegenüber den Gesetzen entfällt:

„Der Staat kann verbieten, daß ein Mensch diese oder jene seiner Fähigkeiten und Kräfte zu diesem oder jenem Gebrauche nicht anwenden soll, aber er kann nicht verbieten, daß er seine Fähigkeiten und Kräfte überhaupt und besonders seine höheren Seelenkräfte ausbilde, daß er nach der Wahrheit strebe und dem vom Schöpfer in seine Seele gelegten Triebe zur Erkenntnis der Wahrheit nach Mög-

---

[24] Vorträge über Recht und Staat, S. 585.
[25] Vorträge über Recht und Staat, S. 586.
[26] Vorträge über Recht und Staat, S. 586.

lichkeit ein Genüge leistet. Solche Gesetze ist kein Staat seinen Mitgliedern vorzuschreiben berechtigt, und keines dieser Mitglieder ist solchen Gesetzen Gehorsam zu leisten verpflichtet."[27]

Das *Allgemeine Gesetzbuch für die Preußischen Staaten von 1791*, also die erste Fassung des Gesetzes, hat in der Einleitung die Gewährleistung der natürlichen Freiheit in Verbindung mit der Festlegung des Staatszweckes hervorgehoben:

§ 77. Das Wohl des Staats überhaupt und seiner Einwohner insbesondere ist der Zweck der bürgerlichen Vereinigung und das allgemeine Ziel der Gesetze.

§ 78. Das Oberhaupt des Staats, welchem die Pflichten zur Beförderung des gemeinschaftlichen Wohls obliegen, ist die äußeren Handlungen aller Einwohner diesem Zwecke gemäß zu leiten und zu bestimmen berechtigt.

§ 79. Die Gesetze und Verordnungen des Staats dürfen die natürliche Freiheit und Rechte der Bürger nicht weiter einschränken, als es der gemeinschaftliche Endzweck erfordert.

Die Gewährleistung der Unabhängigkeit der Rechtspflege

Obwohl die Rechtsprechung zu den anerkannten Hoheitsrechten des absoluten Herrschers gehörte, und es diesem daher zustand, an Stelle der Gerichte selbst Recht zu sprechen, hatte Friedrich d. Gr. auf dieses Recht verzichtet. In seinem politischen Testament von 1752 hatte er zum Ausdruck gebracht: „Ich habe mich entschlossen, niemals in den Lauf des gerichtlichen Verfahrens einzugreifen; denn in den Gerichtshöfen sollen die Gesetze sprechen, und der Herrscher soll schweigen."[28]

Diese Verselbständigung der Rechtspflege gegenüber dem Herrscher, dem Träger der Gerichtshoheit, warf das Problem des sog. Machtspruches auf, d. h. des Eingriffes des Herrschers in die Rechtspflege, wenn er dies für notwendig hielt. Ein solcher Eingriff war rechtmäßige Ausübung eines Hoheitsrechtes, der Gerichtshoheit, also einer staatlichen Macht, und wurde daher

---

[27] Vorträge über Recht und Staat, S. 586.
[28] Die Werke Friedrichs des Großen in deutscher Übersetzung, hrsg. von Gustav Berthold Volz, 7. Band, Berlin 1912, S. 118.

als Machtspruch bezeichnet. Seit dem 18. Jahrhundert wurde in der allgemeinen Rechtsauffassung ein solcher Eingriff in die Rechtsprechung in steigendem Maße als gesetzes- und verfassungswidrig angesehen. Friedrichs d. Gr. Erklärung über die Selbständigkeit der Rechtspflege enthielt einen Verzicht auf den Machtspruch. Doch hat der König sich an den von ihm selbst verkündeten Grundsatz nicht immer gehalten. In einer Ansprache vor dem preußischen Kronprinzen Friedrich Wilhelm (III.) am 6. März 1792 erklärte der Kammergerichtsdirektor Leopold Friedrich von KIRCHEISEN (1749—1825), daß Friedrich der Große oft durch ungestümes Andringen zu Machtsprüchen verleitet worden sei, und betonte: *„Die gesittete Welt, dieses mächtige Tribunal, ist dahin übereingekommen, sich mit dem Worte Machtspruch Ungerechtigkeit als verschwisterte Idee zu denken."*[29]
Trotz der hier zum Ausdruck gebrachten Anschauung eines hohen preußischen Richters, der einer weit verbreiteten Meinung Ausdruck verlieh, ist es in Preußen wie auch in anderen deutschen Staaten noch zu Machtsprüchen gekommen. Erst das Verbot der Kabinettsjustiz in den Verfassungen des 19. Jahrhunderts hat diesem Institut endgültig den rechtlichen Boden entzogen.

Bei Svarez begegnet das Verbot des Machtspruches in doppelter Gestalt: 1. als Verbot der Einmischung in ein schwebendes Verfahren, 2. als Verbot der Aufhebung oder Abänderung einer rechtskräftigen Entscheidung der Gerichte. Svarez hat das Machtspruchverbot nicht mit der damals aufkommenden Lehre von der Gewaltenteilung begründet. Das Verbot der Einmischung in ein schwebendes gerichtliches Verfahren ergab sich für Svarez aus dem Erfordernis größerer Sicherheit der Rechtspflege, deren Ausübung gewissenhaften und fachlich ausgebildeten Richtern, die nach den bestehenden Gesetzen zu urteilen haben, anvertraut werden müsse. Das Verbot der Aufhebung oder Abänderung einer rechtskräftigen Entscheidung der Gerichte diente der Sicherung der Rechte der Einzelnen. Erst Kircheisen begründete in

---

[29] Vortrag des Kammergerichtsdirektors Kircheisen über die Entwicklung des Prozeßrechtes, gehalten vor dem Kronprinzen, 1792 März 6, in Ausgewählte Urkunden zur Brandenburgisch-Preußischen Verfassungs- und Verwaltungsgeschichte, hrsg. von Wilhelm ALTMANN, I. Teil: 15.—18. Jahrhundert, Berlin 1914, S. 495.

seiner Ansprache vor dem preußischen Kronprinzen von 1792 das Verbot des Machtspruches mit dem Hinweis auf Montesquieus Lehre von der Gewaltenteilung.[30]

Das Verbot des Machtspruches fand Aufnahme in das Allgemeine Gesetzbuch für die Preußischen Staaten von 1791 (Einleitung § 6. Machtsprüche und sonstige Verfügungen der obersten Gewalt, welche in streitigen Fällen ohne rechtliches Erkenntnis erteilt worden sind, bewirken weder Rechte noch Verbindlichkeiten). Das Verbot des Machtspruches bezog sich nur auf Rechtsstreitigkeiten in Zivilsachen.[31] Das landesherrliche Recht, Strafurteile zu bestätigen oder abzuändern, blieb unangefochten und fand im ALR von 1794 II 13 §§ 8/11 seinen Niederschlag. Dieses landesherrliche Recht wurde erst durch die Verfassungsgesetzgebung des 19. Jahrhunderts beseitigt. Dem Landesherrn verblieb nur das Recht der Begnadigung und Strafmilderung (Preuß. Verfassung vom 31. Januar 1850 Art. 49 Abs. 1).

Gewährleistung einer den Staatszwecken entsprechenden Gesetzgebung

Das Recht der Gesetzgebung gehörte im absoluten Staat des 18. Jahrhunderts zu den Hoheitsrechten (Majestätsrechten) des Herrschers. Das ALR von 1794 erklärt demgemäß in II 13 § 6: „Das Recht, Gesetze und allgemeine Polizeiverordnungen zu geben, dieselben wieder aufzuheben und Erklärungen darüber mit gesetzlicher Kraft zu erteilen, ist ein Majestätsrecht." Gleichwohl hatte Friedrich d. Gr. eine Einschränkung seines Gesetzgebungsrechtes vollzogen. Durch Patent vom 29. Mai 1781 unterwarf er die Gesetzgebung einer Beschränkung in der Weise, daß die Wirksamkeit eines vom König vollzogenen Gesetzes von der gutachtlichen Äußerung der fachmännisch zusammengesetzten Gesetzgebungskommission abhängig gemacht wurde (§ 14: „Es soll daher... die Gesetz-Kommission niemals übergangen, sondern jedesmal zuvor mit ihrem Gutachten darüber vernommen, und keinem Edikt oder Reskript, welches nicht nach vorheriger

---

[30] Hierzu jetzt Gerd KLEINHEYER, Staat und Bürger im Recht. Die Vorträge des Carl Gottlieb Svarez vor dem preußischen Kronprinzen (1791 bis 1792) (Bonner Rechtswissenschaftliche Abhandlungen 47), Bonn 1959, S. 76 ff.
[31] Vgl. G. KLEINHEYER, a. a. O. S. 87.

Einforderung dieses Gutachtens zu Unserer Allerhöchsten Vollziehung gebracht worden, irgend eine gesetzliche Kraft beigelegt werden."). Zutreffend hat Conrad BORNHAK zu dieser Maßnahme des Königs gesagt: „Der absolute Herrscher band sich hier an gewissermaßen konstitutionelle Formen bei der Ausübung seines Gesetzgebungsrechtes, an die allerdings nur gutachtliche Äußerung einer Behörde derart, daß die Nichtbeachtung der vorgeschriebenen Formen selbst das von ihm vollzogene Gesetz nichtig machte."[32]

Die gutachtliche Mitwirkung der Gesetz-Kommission sollte der Gefahr vorbeugen, daß der Herrscher die Rechtmäßigkeit und Nützlichkeit des vorgeschlagenen Gesetzes nicht vollständig nach allen Seiten hin prüfte oder wohlerworbene Rechte seiner Untertanen kränkte.[33] Folgerichtig wurde daher auch die rückwirkende Anwendung der Gesetze untersagt. Das *Allgemeine Gesetzbuch für die Preußischen Staaten von 1791* hat dieser neuen Zielsetzung des aufgeklärten Absolutismus in Preußen Rechnung getragen und in der Einleitung §§ 10/12 folgende Regelung über die Abfassung von Gesetzen getroffen:

§ 10. Ein jeder Entwurf zu einer neuen Verordnung, durch welche die besonderen Rechte und Pflichten der Bürger bestimmt oder die gemeinen Rechte abgeändert, ergänzt oder erklärt werden sollen, muß vor der Vollziehung der Gesetzkommission zur Prüfung vorgelegt werden.

§ 11. Die Gesetzkommission muß, außer der Rücksicht auf die bereits vorhandenen Gesetze und Rechte, ihr Gutachten zugleich auf die Billigkeit und Nutzbar-

---

[32] Conrad BORNHAK, Preußische Staats- und Rechtsgeschichte, Berlin 1903, S. 261.
[33] Svarez sah in der Mitwirkung der Gesetzkommission auch ein Gegengewicht gegen den Ministerialdespotismus, der nach seiner Ansicht in Frankreich zum Ausbruch der Revolution wesentlich beigetragen hatte: „Da auf diesem Wege der unparteiischen Stimme der Wahrheit und des gemeinen Besten der Zugang zu den Ohren des Monarchen immer offenbleibt und der Ministerialdespotismus in dieser Einrichtung so lange ein unüberwindliches Gegengewicht findet, als nur der Monarch über der Beobachtung dieser Grundsätze mit Festigkeit und Nachdruck halten will. Daß er es aber wolle, dazu fordert ihn sein eigenes Interesse auf, weil dadurch seine rechtmäßige Gewalt nicht im geringsten geschwächt, wohl aber die Grundlage derselben immer mehr verstärkt und befestigt wird" (Vorträge über Recht und Staat, S. 480).

keit der vorgeschlagenen neuen Verordnung richten und eine deutliche Fassung des zu gebenden Gesetzes in Vorschlag bringen.

§ 12. Ein ohne dergleichen Prüfung bekanntgemachtes Gesetz ist in Ansehung des dadurch beeinträchtigten Staatsbürgers unverbindlich und ohne Wirkung.

§ 18. Neue Gesetze können auf schon vorhin vorgefallene Handlungen und Begebenheiten nicht angewendet werden.

Mit der Anerkennung dieser drei Grundsätze im Allgemeinen Gesetzbuch für die Preußischen Staaten von 1791 war eine grundgesetzliche und grundrechtliche Regelung getroffen worden, wie sie für einen Staat mit einer absoluten, d. h. uneingeschränkten Monarchie des ausgehenden 18. Jahrhunderts erstaunlich ist. Zwar vereinigte sich alle Staatsmacht in der Person des Monarchen. Aber diese Staatsmacht war gebunden durch die naturrechtliche Grundlegung des Staates in der diesem vorgegebenen Ordnung der Zwecke. Diese Bindung an die vorgegebene Ordnung der Zwecke des Staates schloß Willkürhandlungen des Monarchen aus, wenn dieser sich nicht das Odium der Rechts- und Verfassungsverletzung aufladen wollte. Zutreffend läßt SCHILLER den Major Ferdinand von Walter die Frage stellen: „Kann der Herzog Gesetze der Menschheit verdrehen oder Handlungen münzen wie seine Dreier?"

Der Gegenstoß der gegen das neue Gesetzbuch und dessen Geist gerichteten Bewegung, die von dem schlesischen Justizminister Adolf Frhrn. von DANCKELMANN (1736—1807) geführt wurde, traf in erster Linie diesen Grundrechtskatalog des Allgemeinen Gesetzbuches für die Preußischen Staaten von 1791, der bei der Überarbeitung des Gesetzbuches gestrichen wurde. Das Allgemeine Landrecht für die Preußischen Staaten von 1794 kennt daher nicht mehr die natürliche Freiheit und die Rechte der Bürger, die durch Gesetze und Verordnungen nicht weiter eingeschränkt werden dürfen, als es der gemeinschaftliche Endzweck der bürgerlichen Vereinigung erfordert (AGB Einl. § 79). Das Verbot des Machtspruches ist gefallen. Die beratende Mitwirkung der Gesetzkommission bei der Schaffung neuer Gesetze und Verordnungen ist zwar aufrechterhalten worden. Die Vorschrift über die Beschränkung der Wirksamkeit eines ohne diese

Mitwirkung zustandegekommenen Gesetzes aber ist beseitigt. Das Verbot der rückwirkenden Anwendung neuer Gesetze bestand dagegen weiter (ALR Einl. §§ 6/9, 14).

Erhalten blieb dagegen die grundgesetzliche Regelung der Staats- und Regierungsform im 2. Teil 13. Titel §§ 1 ff., so daß das ALR von 1794 immer noch eine gesetzliche Grundlegung der durch vorgegebene Zwecke der staatlichen Gemeinschaft gebundenen absoluten Monarchie aufweist.

Einzelperson und Gemeinschaft

Der Wegfall des erwähnten Grundrechtskataloges hatte zur Folge, daß die Einzelperson in ihrer rechtlichen Stellung im ALR von 1794 stärker zurücktrat, als es die theoretische Grundlegung von Staat und Recht durch die Rechtsreformer vorgesehen hatte. Das ALR kannte keine Vorschrift mehr, die daran erinnerte, daß nach der Auffassung der Schöpfer des Gesetzeswerkes der Staat durch einen bürgerlichen Vertrag freier Menschen geschaffen worden sein sollte, deren natürliche Freiheit und Rechte daher die Grundlage des Staates bilden mußten. Die naturrechtliche Grundlegung des Staates und Rechtes hatte noch im Allgemeinen Gesetzbuch von 1791 der natürlichen Freiheit und den Rechten des Einzelnen eine Sicherung gegen staatliche Maßnahmen gewährleistet. Diese sollten nur insoweit eingeschränkt werden dürfen, als es der gemeinschaftliche Endzweck der bürgerlichen Vereinigung erforderte (Einl. § 79). Nur als Rest naturrechtlichen Denkens klingt in der Einleitung zum ALR § 75 der Satz an, daß der Staat denjenigen, der seine besonderen Rechte und Vorteile dem Wohle des gemeinen Wesens aufzuopfern genötigt wird (vgl. ALR Einl. § 73/74), zu entschädigen verpflichtet sei.

Nunmehr trat im ALR von 1794 die Macht des Staates stärker in den Vordergrund. Zwar sollte der Staat nur zur Erfüllung der ihm gesetzten Zwecke tätig werden (II 13 §§ 2/4): zur Erhaltung der äußeren und inneren Ruhe und Sicherheit sowie zur Förderung der Wohlfahrt der Gemeinschaft und des Einzelnen (II 13 §§ 2/3). Gerade der letztere Zweck und die Vielzahl der dem Oberhaupte des Staates eingeräumten Hoheitsrechte (Majestätsrechte) schlossen die Gefahr einer Beeinträchtigung der

Rechte der Einzelpersonen in sich. Die natürliche Freiheit und die Rechte der Bürger waren demgegenüber nicht mehr grundgesetzlich gesichert.[34]

Ebensowenig wie das ALR von 1794 den *Begriff der Freiheit des Bürgers* kennt, hat es den Grundsatz der Gleichheit zur Anerkennung gebracht. Die jahrhundertealte feudal-ständische Ordnung hat im ALR von 1794 noch einmal einen umfassenden gesetzlichen Niederschlag gefunden. Es hob den Adel als bevorrechtigten Stand vom Bürgertum deutlich ab und errichtete zwischen beiden Ständen rechtliche Schranken, die sich vor allem im Eherecht (Beschränkung der Eheschließung zwischen Angehörigen beider Stände), im Eigentumsrecht (Adelsgüter grundsätzlich nur dem Adel, städtische Grundstücke den Bürgern vorbehalten) sowie im Berufs- und Gewerberecht (Unterscheidung zwischen adliger und bürgerlicher Berufstätigkeit) auswirkten (ALR II 8. Vom Bürgerstande; 9. Von den Pflichten und Rechten des Adelsstandes).

Von diesen beiden Ständen unterschied sich der Bauernstand noch besonders dadurch, daß sich in ihm von einem Gutsherrn persönlich abhängige Landbewohner befanden, die zwar nach der Vorschrift des ALR II 7 § 147 „außer der Beziehung auf das Gut, zu welchem sie geschlagen sind, in ihren Geschäften und Verhandlungen als freie Bürger des Staats anzusehen sind". Doch spricht das Gesetz von den „herrschaftlichen Rechten über dergleichen Leute" (ALR II 7 § 91), die die persönliche Freiheit beeinträchtigen (ALR II 7 §§ 150 ff.). Die sog. Erbuntertänigkeit war trotz des gegenteiligen Ausspruches des Gesetzes ein Rest der ehemaligen Leibeigenschaft (vgl. ALR II 7 § 148).

Mithin kam das ALR von 1794 keineswegs den grundlegenden Forderungen seiner Zeit nach Freiheit und Gleichheit aller Staatsbürger entgegen, wie sie die *Virginia Bill of Rights vom 12. Juni 1776* und die *Déclaration des droits de l'homme et du*

---

[34] Der Begriff der Polizei war im ALR keineswegs auf die Gefahrenabwehr beschränkt, da ALR II 17 § 10 nur die Befugnis der Polizeibehörden einschränkte. Hierzu jetzt grundlegend G. KLEINHEYER, a. a. O. S. 114. Zutreffend Harald SCHINKEL, Polizei und Stadtverfassung im frühen 19. Jahrhundert, Der Staat, 3. Bd. 1964, S. 318, zum Urteil des preußischen Oberverwaltungsgerichts im sog. „Kreuzbergfall": „Die Rechtsgrundlage für die im Urteil erneuerte sachliche Verbindlichkeit einer Bestimmung des ALR bildete nämlich nicht der königliche Gesetzesbefehl von 1794, sondern die allgemeine Rechtsüberzeugung des späteren 19. Jahrhunderts."

citoyen vom *26. August 1789* geprägt hatten. Zwar hat sich Svarez mit diesen Grundforderungen auseinandergesetzt. Er ging davon aus, daß im Stande der Natur alle Menschen gleich seien, da ein jeder befugt sei, sein eigenes Wohl ohne Kränkung der Rechte eines anderen zu suchen und zu befördern. Mit dem Eintritt in die bürgerliche Gesellschaft aber tritt der Mensch unter die staatlichen Gesetze, die keine Gleichheit kennen. Die auf Geburt und Stand beruhenden Unterschiede in der rechtlichen Stellung der Menschen, wie das ALR von 1794 sie kennt, haben daher ihren Ursprung im staatlichen Rechte, nicht aber im Naturrechte. So konnten die persönliche Unfreiheit und die bürgerliche Ungleichheit im ALR von 1794 unangefochten bestehen bleiben, auch wenn nach der Ansicht der Schöpfer des Gesetzeswerkes die aus dem Naturzustande der Freiheit in den bürgerlichen Zustand freiwillig herübertretenden Menschen die staatliche Ordnung selbst geschaffen haben.[35] In Wahrheit war es ein Widerspruch zu der naturrechtlichen Grundlegung der bürgerlichen Gesellschaft, wenn das ALR in I 1 erklärte:

§ 2. Die bürgerliche Gesellschaft besteht aus mehreren kleineren, durch Natur oder Gesetz oder durch beide zugleich verbundene Gesellschaften oder Stände.

§ 6. Personen, welchen vermöge ihrer Geburt, Bestimmung oder Hauptbeschäftigung gleiche Rechte in der bürgerlichen Gesellschaft beigelegt sind, machen zusammen einen Stand des Staats aus.

§ 7. Die Mitglieder eines jeden Standes haben als solche, einzeln betrachtet, gewisse Rechte und Pflichten.

Es gab daher im ALR von 1794 keine Regelung der Rechtsstellung der Einzelperson an sich, infolgedessen *auch keine allgemeine Rechtsfähigkeit,* deren Begriff sich eben damals im französischen und österreichischen Recht entwickelte. Der Ausspruch des Gesetzes in I 1 § 1: „Der Mensch wird, insofern er gewisse

---

[35] Vgl. C. G. Svarez, Vorträge über Recht und Staat, S. 261: „Der Unterschied der Rechte und Pflichten, welcher aus der Geburt entsteht, gründet sich nicht im Naturrechte, welches den Unterschied zwischen ehelichen und unehelichen, freien und untertänigen, adligen und unadligen Kindern nicht kennt, sondern er beruht auf positiven Gesetzen des Staats." S. 263: „Alle diese Standesrechte haben das miteinander gemeinsam, ... daß sie nur auf positiven Gesetzen des Staats beruhen, da die Natur keinen Unterschied der Stände kennt."

Rechte in der bürgerlichen Gesellschaft genießt, eine Person genannt", sagt noch nichts über die allgemeine Rechtsstellung der Einzelperson aus.[36] Erst die Reform des Frhrn. vom Stein hat in dem *Edikt, betr. den erleichterten Besitz und den freien Gebrauch des Grundeigentums sowie die persönlichen Verhältnisse der Landbewohner vom 9. Oktober 1807* (GS. 1806/10, S. 170) mit dem Abbau der überlieferten ständischen Ordnung begonnen und den erbuntertänigen Bauern die persönliche Freiheit gegeben. § 12 des Ediktes bestimmte, daß es nach dem Martinitage 1810 nur freie Leute gäbe. Das Gesetz beseitigte auch die ständischen Schranken beim Grundeigentum und proklamierte damit den Grundsatz der Grundverkehrsfreiheit.[37]

Man würde dem ALR von 1794 jedoch nicht gerecht, wenn man nicht hervorheben würde, daß der Gesetzgeber in der *Proklamation der Glaubens- und Gewissensfreiheit* besonders fortschrittlich gewesen ist. Hier konnten die Schöpfer des Gesetzeswerkes wieder an die Praxis des friderizianischen Staates anknüpfen, in dem die Freiheit der Religion schon weitgehend anerkannt war. Ihren gesetzlichen Niederschlag aber fand die religiöse Toleranz erst in dem *Edikt vom 9. Juli 1788, die Religionsverfassung in den preußischen Staaten betreffend*, das nach seinem eigentlichen Urheber, Johann Christoph WOELLNER (1732 bis 1800), auch Woellnersches Religionsedikt genannt wird.

Das Religionsedikt von 1788 sollte zwar die Errungenschaften der Aufklärung auf religiösem Gebiet, die religiöse Toleranz und Parität, in den preußischen Staaten zur gesetzlichen Anerkennung bringen, sich zugleich aber gegen die geistige Bewegung der Aufklärung innerhalb der Kirche wenden, weil sie die kirchliche Lehre zu zersetzen drohte.[38] Bei dem überaus starken Einfluß der Aufklärung in Preußen konnte das Religionsedikt nicht unangefochten bleiben, zumal sich auf Grund dieses Ediktes die berüchtigte cause célèbre des Predigers Schulz aus Gielsdorf (des

---

[36] Vgl. Hermann CONRAD, Individuum und Gemeinschaft in der Privatrechtsordnung des 18. und beginnenden 19. Jahrhunderts (Juristische Studiengesellschaft Karlsruhe, Schriftenreihe H. 18), Karlsruhe 1956, S. 13 ff.

[37] Hermann CONRAD, Freiherr vom Stein als Staatsmann im Übergang vom Absolutismus zum Verfassungsstaat, Osteuropa und der deutsche Osten I, 4, Köln-Braunsfeld 1958, S. 20.

[38] Fritz VALJAVEC, Das Woellnersche Religionsedikt und seine geschichtliche Bedeutung, Historisches Jahrbuch 72, 1952, S. 386 ff.

sog. Zopfschulz wegen seiner Haartracht) entwickelte, in deren Verlauf Friedrich Wilhelm II. sich ähnlich wie sein Vorgänger zu einem Machtspruch gegenüber dem Kammergericht hinreißen ließ.

In seinen Kronprinzenvorträgen hat Svarez die Grundsätze der Religionsverfassung dargelegt, wie sie in der preußischen Regierungspraxis ausgebildet worden waren und schließlich in das Gesetzbuch Aufnahme gefunden haben.[39] Das ALR enthielt im 2. Teil 11. Titel: *Von den Rechten und Pflichten der Kirchen und geistlichen Gesellschaften*, die Proklamation der Glaubens- und Gewissensfreiheit in vollem Umfange, ging also weiter als das Woellnersche Religionsedikt von 1788. Es bestimmte im einzelnen:

§ 1. Die Begriffe der Einwohner des Staats von Gott und göttlichen Dingen, der Glaube und der innere Gottesdienst können kein Gegenstand von Zwangsgesetzen sein.

§ 2. Jedem Einwohner im Staate muß eine vollkommene Glaubens- und Gewissensfreiheit gestattet werden.

§ 3. Niemand ist schuldig, über seine Privatmeinungen in Religionssachen Vorschriften vom Staate anzunehmen.

§ 4. Niemand soll wegen seiner Religionsmeinungen beunruhigt, zur Rechenschaft gezogen, verspottet oder gar verfolgt werden.

§ 40. Jedem Bürger des Staats, welchen die Gesetze fähig erkennen, für sich selbst zu urteilen, soll die Wahl der Religionspartei, zu welcher er sich halten will, frei stehen.

Entgegen dieser weitgehenden Proklamation der Glaubens- und Gewissensfreiheit hielten der König und sein Minister Woellner an dem in seiner Grundhaltung engeren Religionsedikt von 1788 fest, obwohl ernsthafte Zweifel bestehen mußten, ob das Edikt nicht durch die neue Kodifikation außer Kraft gesetzt worden sei. Erst der Thronwechsel des Jahres 1797 und die Entlassung Woellners im folgenden Jahre führten einen grundlegenden Wandel herauf. Wohl eingedenk der Ausführungen seines Lehrers Svarez in den Kronprinzenvorträgen ließ

---

[39] Vorträge über Recht und Staat, S. 55 ff.; 509 ff.

Friedrich Wilhelm III. das Religionsedikt stillschweigend fallen. Die Glaubens- und Gewissensfreiheit des Allgemeinen Landrechtes hatte den Sieg über die konservativen Kräfte im preußischen Staate davongetragen.[40]

III.

Schlußbetrachtung

Die Bedeutung des ALR von 1794 als Grundgesetz des preußischen Staates lag in erster Linie darin, daß mit dieser Kodifikation eine den Staat und seine Bürger umfassende Rechtsordnung geschaffen werden sollte. Dadurch wurde die bestehende Staatsverfassung, die absolute Monarchie, keineswegs beeinträchtigt.[41] Alle rechtlichen Festlegungen und Neuerungen wurden vielmehr im Rahmen der bestehenden Staatsverfassung vollzogen. Im Geiste der aufgeklärten naturrechtlichen Staatslehre wurden dem Staate festumrissene Endzwecke aufgegeben: Erhaltung der äußeren und inneren Ruhe und Sicherheit sowie Förderung der Wohlfahrt der Gemeinschaft und der Einzelnen (ALR II 13 §§ 2/3). Daraus ergab sich notwendig eine rechtliche Regelung des Verhältnisses von Staat und Staatsbürger, deren natürliche Freiheit und Rechte die Verfasser des Gesetzes gegenüber zu weitgehenden Eingriffen des Staates sichern wollten (Allgem. Gesetzbuch von 1791 Einl. § 79). Auch hier war an eine aktive Beteiligung der Staatsbürger an der Staatsgewalt nicht gedacht.

---

[40] Zum Vorstehenden: Hermann CONRAD, Religionsbann, Toleranz und Parität am Ende des alten Reiches, Römische Quartalschrift für christliche Altertumskunde und Kirchengeschichte 56, 1961, S. 189 ff. Siehe auch Lothar WEBER, Die Parität der Konfessionen in der Reichsverfassung von den Anfängen der Reformation bis zum Untergang des alten Reiches im Jahre 1806, Jur. Diss. Bonn 1961, S. 239 ff.
[41] Daher völlig verfehlt und ohne wirkliche Kenntnis der verfassungsgeschichtlichen Grundlagen Reinhart KOSELLECK, Staat und Gesellschaft in Preußen 1815—1848, in Staat und Gesellschaft im deutschen Vormärz 1815 bis 1848, hrsg. von WERNER CONZE, Stuttgart 1962, S. 80, nach dem die Grundrechte des ALR von 1794 weitgehend dem Grundrechtskatalog der ersten französischen Revolutionsverfassung entsprachen. In FN. 3 zu S. 80 zitiert KOSELLECK Vorschriften des ALR und des Allgemeinen Gesetzbuches nebeneinander, als ob zwischen beiden Gesetzeswerken kein Unterschied bestanden habe, auf den er nur auf S. 81 in unzulänglicher Weise hinweist.

Erst die Reformbewegung des preußischen Staates nach dem Zusammenbruch der Jahre 1806/7 ging weiter, indem sie den Staatsbürger zur tätigen Mitarbeit am Staatswesen heranziehen wollte. Doch blieb man auch hier im Rahmen der bestehenden Staatsverfassung. Die Stellung des absoluten Monarchen wurde nicht angetastet.[42]

Nach Konsolidierung der deutschen Verhältnisse durch den Wiener Kongreß durfte der preußische Staat auf dieser Stufe der Verfassungsentwicklung nicht stehen bleiben. Die Umgestaltung zu einem echten Verfassungsstaat war nunmehr erforderlich, zumal die süddeutschen Staaten (Bayern, Baden und Württemberg, nicht aber Österreich) diesen Weg beschritten, und in Preußen selbst der Gedanke der Volksvertretung und der Überwindung der altständischen Ordnung durch die sog. Steinsche Städteordnung vom 19. November 1808 für die städtische Verfassung nutzbar gemacht worden war (vgl. §§ 73 und 110).[43] Jetzt aber erwies sich als ein verhängnisvoller Fehler, daß die reaktionäre Bewegung in Preußen durch Ausmerzung des Grundrechtskataloges aus der preußischen Kodifikation der Staatsmacht ein ihr nicht mehr zukommendes Übergewicht gegeben hatte. Dadurch wurde es der preußischen Staatsführung möglich, die immer dringender erhobene Forderung nach Anerkennung der politischen Rechte der Staatsbürger unerfüllt zu lassen. In dieser Lage erhielt das ALR von 1794 den Charakter des perfekten Werkzeuges einer allmächtigen und zu keinen politischen Zugeständnissen bereiten Staatsführung. Die rechtsstaatliche Grundlegung

---

[42] Vgl. H. CONRAD, Frhr. vom Stein als Staatsmann im Übergang vom Absolutismus zum Verfassungsstaat, S. 24 ff., und der dort angeführte Satz: „Heilig war mir und bleibe uns das Recht und die Gewalt unseres Königs."
[43] Ordnung für sämtliche Städte der Preußischen Monarchie usw., in Novum Corpus Constitutionum etc. XII, S. 471 ff.; GS. 1806/10, S. 324 ff.:
§ 73: Die Wahl der Stadtverordneten nach Ordnungen, Zünften und Korporationen in den Bürgerschaften wird dagegen völlig aufgehoben. Es nehmen an den Wahlen alle stimmfähigen Bürger Anteil und es wirkt jeder lediglich als Mitglied der Stadtgemeinde ohne alle Beziehung auf Zünfte, Stand, Korporation und Sekte.
§ 110: Das Gesetz und ihre (d. h. der Stadtverordneten) Wahl sind ihre Vollmacht, ihre Überzeugung und ihre Ansicht vom gemeinen Besten der Stadt ihre Instruktion, ihr Gewissen aber die Behörde, der sie deshalb Rechenschaft zu geben haben. Sie sind im vollsten Sinne Vertreter der ganzen Bürgerschaft, mithin so wenig Vertreter des einzelnen Bezirks, der sie gewählt hat, noch einer Korporation, Zunft etc., zu der sie gehören.

des Gesetzes, das auf der individuellen Freiheit und den Rechten der Staatsbürger aufbaute, geriet allzuleicht in Vergessenheit. Die Einrichtung der Provinzialstände durch Gesetz vom 5. Juni 1823 „im Geiste der älteren deutschen Verfassungen" erfüllte keineswegs die Forderung des bürgerlichen Liberalismus nach einer echten Vertretung des Volkes (Repräsentativverfassung). Als diese endlich um die Mitte des Jahrhunderts zustandekam, war nicht nur wertvolle Zeit ungenutzt verstrichen, sondern auch das Vertrauen des Volkes weitgehend erschüttert.

Diese verfassungsrechtliche Entwicklung kann den Schöpfern des ALR von 1794 nicht zur Last gelegt werden. Sie war das Werk der allzu beharrenden Kräfte im preußischen Staate. Das Bild der Verfassung des preußischen Staates, das den Rechtsreformern vorschwebte und das sie in der Kodifikation verwirklichen wollten, hat Carl Gottlieb SVAREZ in seinen Kronprinzenvorträgen mit folgenden Worten geschildert:

> Die regelmäßigste Ordnung in der ganzen Staatsverfassung, die strengste Aufsicht auf die prompte und unparteiische Rechtspflege, die stets wachsame Vorsorge, daß nicht ein Stand, eine Klasse der Nation die Rechte der anderen schmälere, daß der ärmere und niedrigere von seinen reichen und mächtigen Mitbürgern nicht unterdrückt werde, die unermüdete Sorgfalt für Gründung und Unterstützung gemeinnütziger Anstalten, wodurch der Wohlstand der Particuliers befördert, wodurch der Landbau, Manufakturen und Fabriken in Aufnahme gebracht werden können, die Achtung für die bürgerliche Freiheit, für die Rechte und das Eigentum der Untertanen, endlich die vollkommenste Religions- und Gewissensfreiheit — dies sind die Grundsäulen des Systems der preußischen Staatsverfassung.[44]

---

[44] Vorträge über Recht und Staat, S. 89.

www.ingramcontent.com/pod-product-compliance
Lightning Source LLC
Chambersburg PA
CBHW071412160426
42813CB00085B/1083